सखि कह मुकरी!

डॉ. एस. डी. तिवारी

This edition 2025
Express Publishing through
Notion Press

प्राक्कथन

'कह-मुकरी' हिंदी काव्य की एक प्राचीनतम और अद्भुत काव्य विधा है। अपने अत्यंत सहज, सरल, और रोचक भाव के कारण, यह विधा पढ़ने और सुनने वालों के उर में आनंद भर देती है। 'कह-मुकरी' के आरम्भिक सृजन का श्रेय प्राचीन कवि अमीर खुसरो को जाता है, जिन्होंने तेरहवीं शताब्दी में जब उर्दू साहित्य भारत में अपना पैर पसार रहा था, हिंदी भाषा में इस विधा का विकास किया। मुझे इस बात से बड़ा आश्चर्य होता है कि इतनी सुन्दर और रुचिकर विधा होते हुए भी, कालांतर में बहुत कम ही कह-मुकरियाँ लिखी गयीं, और आज यह लगभग लुप्तप्राय काव्य शिल्प है। यह बात मेरे मन में कौतुक उत्पन्न करती है कि 'कह-मुकरी' के इतनी रोचक और सरल होने के बाद भी इस विधा की रचनाएँ बहुत ही कम मिलती हैं।

'कह-मुकरी' के शाब्दिक अर्थ से ही स्पष्ट है: कही, फिर मुकरी। इस काव्य विधा में एक सहेली किसी विषय के सन्दर्भ का वर्णन करती है, जिसे सुनकर ऐसा प्रतीत होता है कि वह अपने साजन या प्रियतम के विषय में कुछ कह रही है। जब उसके उक्त वर्णन को समझ, दूसरी सखी अपने उत्तर को प्रश्न के द्वारा पुष्टि करना चाहती है तो वह मुकर जाती है, और उस सन्दर्भ से मेल खाती, कोई अन्य उत्तर दे देती है। इसमें पहले तीन चरण और अंतिम पंक्ति के आधे चरण तक वर्णन का रहस्य विद्यमान रहता है। अंतिम, यानि चौथी पंक्ति के अंतिम आधे चरण में ही सही उत्तर को खोला जाता है।

यह पहेली की ही भांति चार पंक्तियों की बंद होती है। पहली तीन पंक्तियों में विषय वस्तु का वर्णन होता है, जो एक सखि अपने दूसरी सखी से करती है। इन तीन पंक्तियों के आधार पर, वह सखी वर्णन में, प्रियतम अथवा साजन के होने का अनुमान लगाती है और चौथी पंक्ति के पहले आधे भाग में वह अपने अनुमानित उत्तर का अपने प्रत्युत्तर के द्वारा पुष्टि करना चाहती है, जो सदैव गलत होता है। चौथी पंक्ति के ही दूसरे आधे भाग में, पहली सखी सही उत्तर से पहेली का समाधान कर देती है। यह उत्तर,

दूसरी सखी के दिए उत्तर से पृथक होता है, परन्तु तथाकथित उस वर्णन के विवरण से मेल खाता है। इस उत्तर के बारे में पहले से सोच पाना एक कठिन कार्य होता है, जो उसे चौंका देता है। यह विस्मयकारी बोध कह-मुकरी के पाठक के मन को रोमांचित तथा आनंदित कर देता है। चूकि, दूसरी सखी की सोच एक सिमित परिधि में ही है, और वह अपने युवावस्था तथा प्रेम के प्रसंगों के विषय के अतिरिक्त अधिक कुछ नहीं सोच पा रही है; इसलिए उसका उत्तर भी उतने ही संकुचित भाव में रहता है। जब कि वह सन्दर्भ या वर्णन कोई अन्य अज्ञात भाव भी लिए होता है, जिसकी पुष्टि पहली सखी, दूसरी सखी के प्रश्न के उत्तर में करती है। यहाँ यह भी तात्पर्य लगाया जा सकता है कि पहली सखी ने अपने वर्णन में कहा तो वही, जो दूसरी सखी समझ रही है, पर बाद में बहाना बनाकर, वह मुकर गयी। इस काव्य विधा के इसी भाव ने इसे 'कह-मुकरी' का नाम दिया।

मैंने भी कुछ 'कह-मुकरी' लिखने का प्रयास किया है। मैंने, अपनी लिखी हुई 'कह-मुकरी' में से कुछ, कविताओं की एक वेब पृष्ठ पर भी डाल दिया। एक बार जब गूगल में, 'कह-मुकरी' के बारे में कुछ जानकारी लेने के लिए जैसे ही यह शब्द लिखा, मेरे

आश्चर्य का ठिकाना न रहा, कि मेरी लिखी कह मुकरियाँ गूगल की सूची में सबसे ऊपर थीं। इससे, मैं स्वयं को गौरवान्वित तो अवश्य अनुभव किया परन्तु चिंतित भी हुआ कि इस विधा की क्या सचमुच इतनी कम रचनाएँ हैं।

'कह-मुकरी' का प्रादुर्भाव और विकास हजरत अमीर खुसरो ने किया। अमीर खुसरो ने, उर्दू और फ़ारसी भाषा के कवि होते हुए भी हिन्दी भाषा का भरपूर प्रयोग किया और हिंदी साहित्य के विकास में उनका योगदान सराहनीय है। उनकी हिंदी रचनाओं में दोहे, पहेली परक दोहे और कह मुकरी अत्यंत ही रोचक और लोकप्रिय हैं। सैकड़ों वर्ष पूर्व लिखी उनकी रचनायें आज भी उतनी ही रोचक हैं, जितनी उस काल में थीं। बहुत से लोग 'कह मुकरी' को पहेली का पर्याय मानते हैं, परन्तु यह पहेली से पृथक है। वैसे दोनों ही विधाएँ खुसरो की ही देन मानी जाती हैं। खुसरो रचित, पहेली का एक उदहारण देखिये -

एक नारि के दो बालक, दोनों एक ही रंग।
एक फिरे, एक ठाढ़ रहे, फिर भी दोनों संग।

यह एक पहेली का दोहा है, जिसका मात्र एक ही उत्तर होता है, और वह पद्य समाप्त होने पर, अंत में अलग से दिया जाता है। उपरोक्त दोहे का उत्तर है - 'चक्की'। जबकि 'कह मुकरी' के छंद दो अर्थी होते हैं। जिसमें से एक निश्चित अर्थ साधारणतया प्रियतम या साजन से सम्बंधित होता है और दूसरे अर्थ को शब्दों की आड़ में छुपाकर रखा जाता है। उस छुपे भाव को रचनाकार, छंद के अंतिम शब्द में खोल देता है। छंद का अंतिम शब्द ही, उसमें बूझी पहेली का सही उत्तर होता है। उदहारण के लिए देखिये, अमीर खुसरो रचित एक कह-मुकरी -

रात समय वह मेरे आवे।
भोर भये वह घर उठी जावे।
यह अचरज है सबसे न्यारा।
ऐ सखि साजन? ना सखि तारा।

उपरोक्त के आधार पर यदि निष्कर्ष निकालें तो कह मुकरी के निम्न मूल तत्व होते हैं -

१. चार चरण के चार पंक्ति की तुकांत कविता।
२. प्रथम तीन चरण में, पहेली के रूप में किसी विषय वस्तु का विवरण।

३. विवरण का द्विअर्थी होना।
४. चौथे चरण के पहले आधे भाग में पुष्टिकरण हेतु पहेली का अनुमानित उत्तर, जो पहेली में कहे विवरण के एक संभावित अर्थ से मेल खाये।
५. चौथे चरण के ही उत्तरार्ध में, पुष्ट व सही उत्तर, जो पहेली के दूसरे सही अर्थ को दर्शाये।

'कह मुकरी' की जीवन यात्रा, आधुनिक युग के महाकवि भारतेन्दु हरिश्चंद ने आगे बढ़ाया। उन्होंने अपनी कह मुकरियों में, अंग्रेजों के शासन काल में देश की दुर्दशा, शोषण, कुशासन आदि का सजीव वर्णन किया है। उनकी व्यंगात्मक शैली, उनकी रचित कह मुकरियों में बड़े सुन्दर ढंग से मुखरित हुई है। उन्होंने अपनी रचनाओं में सामायिक विषय को समाहित करके, आधुनिकता लाने का भरसक प्रयास किया। उनकी भी कह मुकरियाँ, अमीर खुसरो की कह मुकरियों के आयाम पर ही ढली हैं, उन्होंने 'ऐ सखि साजन' के स्थान पर 'क्यों सखि साजन' प्रयोग किया। उनकी कह-मुकरियाँ उस समय की वास्तविकताओं को जीवन्त रखने में पूर्णतः सक्षम हैं। उनकी एक कह-मुकरी है -

सीटी देकर पास बुलावे।

रूपया ले तो निकट बिठावे।
ले भागे मोहिं खेलहिं खेल।
क्यों सखि साजन? नहिं सखि रेल।

भारतेन्दु जी के काल में, भारत में रेलगाड़ी एक नई वस्तु थी, जो अपने आप में एक कौतुक का विषय थी। इस कह मुकरी में उन्होंने, रेल का विवरण बड़े सुन्दर ढंग से किया है। पहली तीन पंक्तियों में समझ पाना कठिन है कि वे अपने विवरण को किस दिशा में ले जा रहे हैं, मगर सीटी और दाम लेने की बात कहकर उस ओर संकेत भी दे रहे हैं। इसे देखिये -

सब गुरुजन को बुरा बतावे,
अपनी खिचड़ी अलग पकावे,
भीतर तत्व न, झूठी तेजी,
क्यों सखि साजन? नहिं अंगरेजी।

उपरोक्त 'कह मुकरी' में अंग्रेजी का समर्थन करने वालों पर करारा कटाक्ष है और तत्कालीन परिस्थिति को बहुत ही सशक्त तरीके से प्रस्तुत करती है।

जहां तक मैं समझता हूँ कह मुकरी को 'साजन' शब्द की परिधि से बाहर निकाल कर, इसके क्षेत्र का और

अधिक विस्तार होना चाहिए, ताकि यह विधा भी हिंदी साहित्य की यात्रा के साथ, सुगमता पूर्वक सुचारु रूप से सतत चलती रहे। वैसे कुछ रचनाकारों ने इस तरह का सार्थक प्रयास किया है। मैंने भी साजन के स्थान पर सजनी और सौतन शब्दों का प्रयोग करके उत्तर में स्त्रीलिंग शब्दों को भी समाहित करने का प्रयास किया है। मेरी इस पुस्तक की ही एक रचना -

राष्ट्र खड़ा उसके संग सारा।
'इसे बचाओ', रह गया नारा।
मुंह लटकाये पड़ी शर्मिंदी।
क्या सखि सजनी? नहिं सखि हिंदी।

मैं पूर्ण रूपेण आशान्वित हूँ, हिंदी भाषा के रचनाकार, आने वाले समय में इस मृत प्राय सुन्दर और रोचक विधा को संजीवनी प्रदान करेंगे, और इसे हृष्ट-पुष्ट बनाये रखकर, हिंदी साहित्य में 'कह-मुकरी' को इसका समुचित स्थान दिलाएंगे। मुझे दृढ़ विश्वास है कि हिंदी साहित्य के मोहक उपवन को यह विधा भी अपनी रंग और सुगंध बिखेर कर, उत्कृष्टता के शीर्ष तक ले जाएगी। मुझे तो यह विधा इतनी रोचक लगी कि चार सौ से भी अधिक कह मुकरियों की यह पुस्तक 'सखि कह मुकरी' लेकर, आपके समक्ष आ

गया। मैंने अपनी इस पुस्तक में साजन की सीमा को तोड़ने का दुःसाहस किया है और साजन के साथ साथ, कई स्थानों पर सजनी और सौतन शब्दों का भी प्रयोग किया ताकि इस सुन्दर विधा के विस्तारीकरण को और स्थान मिल सके। मुझे उम्मीद है कि पाठक मेरी अन्य विधाओं की रचनाओं (जैसे हाइकु, गीत, दोहे, त्रिपदी छंद, गजल, मुक्तक, कुंडलियां आदि) के साथ 'कह मुकरियों' को भी अपना स्नेह व शुभकामनाएं प्रदान करेंगे।

डॉ. सत्यदेव तिवारी

कह मुकरी - एक रोचक काव्य विधा

काव्य की अनेक विधाएँ हैं। कविता, दोहा, सोरठा, चौपाई इत्यादि। इन सभी विधाओं में अद्यतन रचनाएँ मिलती हैं, किंतु कह मुकरियों की रचनाएँ बहुत ही कम मिलती हैं।

यूँ कहिए कि कवियों ने साहित्य की इस विधा में उदासीनता ही दिखाई है। 'कह मुकरी' पहेलियों को बुझाती चार पंक्तियो की काव्य रचना है, जिसका आरब्ध अमीर खुसरो द्वारा माना जाता है। अमीर खुसरो के अतिरिक्त भारतेंदु हरिश्चंद्र तथा उनके पश्चात् योगराज प्रभाकर द्वारा भी मुकरियों की रचना की गई है। 'कह मुकरी' की इस लुप्तप्राय विधा को अपनी लेखनी से संजीवनी देकर जीवित रखने के प्रयास में एक नाम डा० सत्यदेव तिवारी का भी है। सुखद आश्चर्य का विषय है कि 'कह मुकरी' में इनकी मुकरियाँ अत्यंत सहज और सरल हिंदी भाषा में लिखी गयी हैं, जिन्हें पाठक सहज ही पढ़ और समझ लेता

है। हास्य, व्यंग्य तथा रहस्यमयी पहेलियों को पढ़ते हुए आनंदानुभूति होना किसी भी रचना की विशेषता होती है, जो इनकी इस रचना में प्रचुरता से उपलब्ध है। इनकी एक मुकरी -

उस बिन जाड़ा बहुत सताता।
रात होते ऊपर पड़ जाता।
ना हो वो, हो जाऊं बेकल
क्या सखि साजन? नहीं सखी, कंबल।

यहाँ एक सखी अपनी दूसरी सखी से जाड़े के सन्दर्भ में एक पहेली बूझने को कहते हुए बता रही है कि कोई है जो रात होते ही मेरे ऊपर आ जाता है, यदि वह नहीं होता है तो बेचैन हो जाती हूँ। दूसरी सखी उसकी इस पहेली को बूझते हुए साजन की ओर इंगित करती है, किन्तु पहली सखी उसे गलत सिद्ध करते हुए कहती है कि नहीं, साजन नहीं वो तो कंबल है। हास्य, विनोद से भरी ये मुकरियाँ समय-अंतराल के बाद क्यों लुप्त होती चली गईं, ये शोध का विषय है, किंतु आज के समय में इन मुकरियों को साहित्य विधा में पुनर्जीवित रखना संतोषजनक भी है।

डा० सत्यदेव तिवारी की पुस्तक 'सखि कह मुकरी' इस विधा के विकास व इसे स्थायित्व देने में एक मील का पत्थर साबित होगी।

डा० ऋतु त्रिपाठी
लेखिका, समाज सेवी तथा शिक्षिका - जी डी गोयनका इंटरनेशनल स्कूल, ग्रेटर नोएडा (वेस्ट)

शब्द पिरो कर गूंथे माला।
भारी कि न जाता सम्भाला।
उस माला से ही उसकी छवि।
क्या सखि साजन? नहिं सखि कवि।

मचाता वो सावन में धूम।
चाहता है जी नाचूँ झूम।
देख देख मन होता पागल।
क्या सखी साजन? नहिं सखि बादल।

सदैव वह आँखों पे रहता।
करूँ दूर भी, कुछ ना कहता।
साथ चाहती हूँ मैं बेशक।
क्या सखि साजन? नहिं सखि ऐनक।

थी मैं कटि से उसमें लिपटी।
उसको पाकर रहती सिमटी।
सुंदरता पर गयी मैं वारी।
क्या सखि साजन? नहिं सखि साड़ी।

रखा वो बांधे दोनों हाथ।
लाल पड़ा कुछ देर के बाद।
तीज पर उसने, हद ही कर दी।
क्या सखि साजन? नहिं सखि मेंहदी।

काटूँ तो आ जाता आंसू।
मैं उससे बचना ही चाहूँ।
खूब रुलाया उसने आज।
क्या सखि साजन? नहिं सखि प्याज।

लगता कितना सीधा सादा।
करके जाता, झूठा वादा।
गये पीछे, सुध नहीं लेता।
क्या सखि साजन? नहिं सखि नेता।

जनता का धन खूब उड़ाता।
मुफ्त के मॉल, मौज मनाता।
मौका पाकर घर भर लेता।
क्या सखि साजन? नहिं सखि नेता।

लटक जाता है वो चुपचाप।
भेद ना माने दिन या रात।
कहीं गए, घर का रखवाला।
क्या सखि साजन? नहिं सखि ताला।

उसका आना घर महकाता।
सुन्दर इतना मन बहकाता।
रंगत में कुछ और ही बात।
क्या सखि साजन? नहिं सखि गुलाब।

उस बिन जाड़ा बहुत सताता।
रात होते ऊपर पड़ जाता।
ना हो वो, हो जाऊं बेकल।
क्या सखि साजन? नहिं सखि कम्बल।

पड़ा गले में था वो लटका।
देख देख मेरा मन महका।
बहुत प्यार से, गले में डाला।
क्या सखि साजन? नहिं सखि माला।

सोने का खग नदी किनारे।
पानी पीता पूंछ सहारे।
घर को मेरे रौशन किया।
क्या सखि साजन? नहिं सखि दीया।

उससे तो हर दिन का नाता।
साथ रात को ज्यादा भाता।
बिस्तर पर बड़ा आराम दिया।
क्या सखि साजन? नहिं सखि तकिया।

ख़ुद नंगा सबको पहनाता।
सूता थामे नाच दिखाता।
घेरे रखता कोना घर का।
क्या सखि साजन? नहिं सखि चरखा।

निहारूं रोज मैं कई बार।
कटि से लिपटा, गई मैं वारि।
पड़ा बहुत मुझे पर महंगा।
क्या सखि साजन? नहिं सखि लहंगा।

देखूं उसे, वो मुझे दिखाता।
खामियों को मेरी बताता।
देखूं कई बार, चाहे मन।
क्या सखि साजन? नहिं सखि दर्पण।

मन में लेकर पुण्य की चाह।
पकड़ी मैं भी उसी की राह।
धुलेगी जाने से अपकीरत।
क्या सखि साजन? नहिं सखि तीरथ।

आसमान में जैसे तारा।
माथे चमका, रूप संवारा।
कद में है वो बेशक चिन्दी।
क्या सखि साजन? नहिं सखि बिंदी।

गोल गोल वो चला घूम कर।
बोझ बड़ा ले गया दूर तक।
गाड़ी चलती उसी पे भइया।
क्या सखि साजन? नहिं सखि पहिया।

मेरे सिर पर उसकी साया।
रंग गुलाबी अतिशः भाया।
पाकर उसको मैं हूँ खुश री।
काया सखि साजन? नहिं सखि चुनरी।

पेड़ों पर ढेरों में लटका।
सोने का रस भर लघु मटका।
जी चाहे ले जाऊं धाम।
क्या सखि साजन? नहिं सखि आम।

होत अँधेरा आते अंगना।
उन्हें निहारूं भर भर नयना।
हम तो उन पर दिल को हारे।
क्या सखि साजन? नहिं सखि तारे।

झलमल करती उसकी चुनरी।
रातों को अति दूर तक पसरी।
देखती रहती, सदा मैं काश!
क्या सखि साजन? ना सखि आकाश।

पहले आये उसी का नाम।
बाद ही उसके दूजा काम।
सुबह रोजाना मुझे भी भाय।
क्या सखि साजन? नहिं सखि चाय।

रातों को वो सो नहिं पाता।
डर परीक्षा का सताता।
सहानुभूति का है वो पात्र।
क्या सखि साजन? नहिं सखि छात्र।

मुझको तो वो सैर कराये।
जब जी चाहे दूर हो आएं।
ईंधन बिन हो जाये बेकार।
क्या सखि साजन? नहिं सखि कार।

आते ही मन खिल जाता है।
इनाम ऋतु का मिल जाता है।
उसको देख मन अति हरसा।
क्या सखि साजन? नहिं सखि वर्षा।

बैठी महीनों से मन मार।
खिल गया दिल आया आसाढ़।
कहीं दूर उछलती चल दी।
क्या सखि सजनी? नहिं सखि नदी।

सुबह ही आती उसकी याद।
पाने हेतु करती फरियाद।
पकड़ी होती हाथ खातून।
क्या सखि साजन? नहिं सखि दातून।

भर के गये, होते ही भोर।
लेकर के वो खेत की ओर।
नीचे धर के खोंसे पछोटा।
क्या सखि साजन? नहिं सखि लोटा।

रात में तो निभाया साथ।
छोड़े चला होते ही प्रात।
कैसे कहूं उसे मैं अपना।
क्या सखि साजन? नहिं सखि सपना।

उंगली रहे नित उसकी पकड़।
छोड़े नहीं वो किसी भी क्षण।
उसके लिए एक बार मैं रूठी।
क्या सखि साजन? ना सखि अंगूठी।

हवा के संग बन आवारा।
घूमता रहता मारा मारा।
कभी तो लगता जैसे पागल।
क्या सखि साजन? नहिं सखि बादल।

झूमता तेज हवा में खूब।
देशभक्त को लगा महबूब।
उड़ान ऊँची, जितना डंडा।
क्या सखि साजन? नहिं सखि झंडा।

टिके नहीं, हो कैसे भरोसा।
बुरा चलन ये सबने टोका।
इस सप्ताह पूरा ही टिक ली।
क्या सखि साजन? ना सखि बिजली।

वादा करता, याद न रखता।
मतलब से इधर रूख करता।
वरना कभी सुध नहीं लेता।
क्यों सखि साजन? नहिं सखि नेता।

तू क्या जाने कितना भारी।
सिर पर पड़ा, बड़ी लाचारी।
जाग जाग के रातें बितायीं।
क्या सखि साजन? नहिं सखि पढ़ाई।

किया अपन का हाल बेहाल।
झूला भांति गाड़ी की चाल।
कैसे कहूं, गई कमर अकड़।
क्या सखि साजन? नहिं सखि सड़क।

छोटी जान, बड़ी लाचारी।
किताबों का बोझ है भारी।
चले सुबह ही, मुश्किल रस्ता।
क्या सखि साजन? नहिं सखि बस्ता।

रोज सुबह जाना ही पड़ता।
खले जब नहाना भी पड़ता।
मिलती डांट कुछ जाएँ भूल।
क्या सखि साजन? नहिं सखि स्कूल।

अंक में उसके, जल सी गयी।
आंच थी इतनी, तप सी गयी।
फिर जाने का लूँ ना नाम।
क्या सखि साजन? नहिं सखि घाम।

उसके आते नींद न आयी।
मुर्गे ने भी बांग लगायी।
चल दी मैं भी बिस्तर छोड़।
क्या सखि साजन? नहिं सखि भोर।

सब कुछ था आँखों से ओझल।
लगा वहां वो आकर उस पल।
दिया हो मेरी आँखें मूंद।
क्या सखि साजन? नहिं सखि धुंध।

आते बसंत गया वो जाग।
जंगल में ज्यूँ लगाया आग,
धरती पर छाया मधुमास।
क्या सखि साजन? नहिं सखि पलास।

लिए डर मन में, रही थी गिन।
आ ही गया आखिर वो दिन।
एक साल तक करी प्रतीक्षा।
क्या सखि साजन? नहिं सखि परीक्षा।

मैले कपड़े, खाने लताड़।
निकले खाकर रोटी अचार।
दिया है रब ने कैसा नसीब।
क्या सखि साजन? नहिं सखि गरीब।

बड़े बड़ों का भूत उतारा।
पड़ा रहता कोने बेचारा।
इसके बिना न उड़ता झंडा।
क्या सखि साजन? नहिं सखि डंडा।

हाथ डालकर गला फंसाया।
तंग इतना न बटन लगाया।
छाती खुल्ली, न तनिक तमीज।
क्यों सखि साजन? नहिं सखि कमीज।

कहते कहते गयी थी थक।
उंगली उदास पड़ा ना फर्क।
अबकी तो वो बैठी रूठी।
क्यों सखि साजन? नहिं सखि अंगूठी।

बहुत सताये, पड़े जब गले।
भिगो दे तन, अति मन को खले।
उतारे वस्त्र, इसकी बेशर्मी।
क्या सखि साजन? नहिं सखि गर्मी।

करे आते ही द्रुम निर्वस्त्र।
पक्षी बेचारे होते त्रस्त।
लगने लगता सब कुछ गड़बड़।
क्या सखि साजन? नहिं सखि पतझड़।

मतवाला कर देता सावन।
मुदित देख घन, हो जाता मन।
लाता छतरी की सौगात।
क्या सखि साजन? नहिं सखि बरसात।

गिरते पारा, वो चढ़ जाता।
होती रात और बढ़ जाता।
दूध में डाल खाती छुहाड़ा।
क्या सखी साजन? नहिं सखि जाड़ा।

बाँध रखी डोर से उसको।
जाए ना छोड़ के मुझको।
आवारा सा हवा के संग।
क्या सखि साजन? नहिं सखि पतंग।

पकड़ कलाई जंचता मुझको।
जी करता ना हटाऊँ उसको।
जबसे आया हाथ है पकड़ा।
क्या सखि साजन? नहिं सखि कड़ा।

उसके बिन न मेरा अस्तित्व।
एक एक सांस उसी के निमित्त।
रह नहीं सकती उससे युदा।
क्या सखि साजन? नहिं सखि खुदा।

जीवन मेरा उसी के नाम।
बाकी जग से मुझे क्या काम।
वो नहीं तो हर कोई मुर्दा।
क्या सखि साजन? नहिं सखि खुदा।

जब भी वह ओझल हो जाता।
आकर आँखों में भर जाता।
कर नहीं पाती हूँ मैं काबू।
क्या सखि साजन? नहिं सखि आंसू।

कैसे मैं सबको सुनाती!
आवाज वहां तक पहुंचाती!
वही बनाया सुनने लायक।
क्या सखि साजन? नहिं सखि माइक।

दिल की जब कहना चाहूँ।
उसके द्वारा कुछ कह पाऊं।
रह के ओझल पूछता 'कौन'?
क्या सखि साजन? नहिं सखि फोन।

मशीन का युग, हो गया बेकार।
घूमता गांव, खेत, बाजार।
कौन रखे खिलाने का लफड़ा।
क्या सखि साजन? नहिं सखि बछड़ा।

सोना कर देता वो हराम।
लेने न देता तनिक आराम।
रक्त चूसने आता तन पर।
क्या सखि साजन? नहिं सखि मच्छर।

ज्ञान का है अद्भुत भंडार।
महिमा भी बड़ी अपरम्पार।
उसके पास युगों का हिसाब।
क्या सखि साजन? नहिं सखि किताब।

मेरे वो बालों पे अटका।
खाता है चोटी का झटका।
मेरा भी बढ़ जाता नखरा।
क्या सखि साजन? नहिं सखि गजरा।

उसकी महक है सबसे अलग।
जगा देता है दिल का अलख।
नहीं है कोई उसका जबाब।
क्या सखि साजन? नहिं सखि गुलाब।

आते ही छाये अँधेरा।
मन होता चिंता में मेरा।
कैसे करूँ पूरे सब काम।
क्या सखि साजन? नहिं सखि शाम।

बुरा न मानूं सिटी बजाता।
मेरे लिए खाना पकाता।
देता आराम, करती शुकर।
क्या सखि साजन? नहिं सखि कूकर।

जाड़ों में ऊपर पड़ जाता।
उसके साथ बदन गरमाता।
छांट परख, मैं ही हूँ लाई।
क्या सखि साजन? नहिं सखि रजाई।

पैसे के लिए गया था वो।
जमीर को बेच लिया था वो।
झूठ बोला, हो गयी वाह।
क्या सखि साजन? नहिं सखि गवाह।

लेकर लायी, उसे पिलाई।
कोई भी न असर दिखाई।
लगता है नकली ही पायी।
क्या सखि दूध? नहिं सखि दवाई।

डाला उसने, फिर भी फांका।
बच्चों की गुल्लक पे डाका।
घर की चिंता नहीं जरा भी।
क्या सखि साजन? नहिं सखि शराबी।

लत पीने की जबसे डाली।
घर में छायी है कंगाली।
सेहत तक कर दी है ख़राब।
क्या सखि साजन? नहिं सखि शराब।

घर में उसने कलह कराई।
पत्नी के गहने बिकवाई।
शाम हमेशा करती बेताब।
क्या सखि साजन? नहिं सखि शराब।

बुढ़ापा देख मुंह जो विचका।
बिना दांत के वो भी पिचका।
होना सबका यही है हाल।
क्या सखि साजन? नहिं सखि गाल।

प्राण से ज्यादा उस पर ध्यान।
उसके ही बल होता गुमान।
सताता भय, होवे न चोरी।
क्या सखि साजन? नहिं सखि तिजोरी।

बिना फ्रिज के ठंडा पानी।
घर में रखतीं दादी, नानी।
रहता वो कोने में पड़ा।
क्या सखि साजन? नहिं सखि घड़ा।

पेड़ पे लटका हरा मटका।
हाथ लगे तो सारा गटका।
खनिज, विटामिन मिश्रित जल।
क्या सखि साजन? नहिं सखि नारियल।

गुच्छा गुच्छा सौ सौ अटका।
भारी इतना नीचे लटका।
बाजार जाता भर भर ठेला।
क्या सखि सुपारी? नहिं सखि केला।

जीवन में है बड़ा जरूरी।
उसके बिन सफलता अधूरी।
मिलता है झुकाने पर शीश।
क्या सखि साजन? नहिं सखि आशीष।

नजर की उसके नहीं है तोड़।
योजन कोस तक करके गौर।
कर लेता वो उल्लू सिद्ध।
क्या सखि साजन? नहिं सखि गिद्ध।

मिट जाती है हरि से दूरी।
होती मन की इच्छा पूरी।
बड़ी है उसमें भारी शक्ति।
क्या सखि साजन? नहिं सखि भक्ति।

आता जब वो बड़ा सताता।
देखते ही बस रोना आता।
क्या कहूं, जोड़ों में घुस जाता।
क्या सखि साजन? नहिं सखि बुढ़ापा।

उसमें बहुत ही मन लगायी।
मगर उसी से मैं घबराई।
कर देता खाली मस्तिष्क।
क्या सखि साजन? नहिं सखि गणित।

उसके बिन कैसे कह पाती।
मन की मेरे मन रह जाती।
नहीं हो वो तो संवाद ठप्प।
क्या सखि साजन? नहिं सखि शब्द।

एक के लिए झगड़ते अनेक।
उसे मिलेगी, सोचे हरेक।
स्थापित होगा बनके मूर्ति।
क्या सखि साजन? नहिं सखि कुर्सी।

संस्कृति और नीति को भूल।
लिप्त है व्यभिचार में खुल।
कितना वो गिर चुका है आज।
क्या सखि साजन? नहिं सखि समाज।

आ कानों पे भुनभुन करता।
आयी हुई नींद वो हरता।
आता क्रोध, मारुं खींचकर।
क्या सखि साजन? नहिं सखि मच्छर।

पास वो आये, मन महकाय।
घिस कर माथे पर सज जाय।
सुगंध से खिल उठता चितवन।
क्या सखि साजन? नहिं सखि चन्दन।

जब भी मौसम पतझड़ आता।
घर छोड़ कर अलग हो जाता।
उस ऋतु में फिर नहीं आ सकता।
क्या सखि साजन? नहिं सखि पत्ता।

मुहब्बत की गहरी लौ जगा।
उसी में समूचा ध्यान लगा।
देखे अपने चाँद की ओर।
क्या सखि साजन? नहिं सखि चकोर।

तट पर गया पकड़ने मछली।
थोड़ी देर तपस्या कर ली।
हाथ न आयी स्थल बदला।
क्या सखि साजन? नहिं सखि बगुला।

लत में उसके रोज ही शाम।
रटता है बस उसी का नाम।
फीका लगता मेरा शबाब।
क्या सखि सौतन? नहिं सखि शराब।

आते ही आँखों पर छाया।
ऐसा अपना रंग जमाया।
उसको तो कर दिया पागल।
क्या सखि साजन? नहिं सखि काजल।

मुझे उठाये है वो चलता।
ढोना मुझको उसे न खलता।
इतना बोझ उसी का बूता।
क्या सखि साजन? नहिं सखि जूता।

सरकारी दफ्तर में अटका।
दौड़ दौड़ के खायी झटका।
काम हुआ जब लिया वो झूंस ।
क्या सखि साजन? नहिं सखि घूस।

सालों साल झेला फजीता।
निकला नहीं कोई नतीजा।
सुस्त जैसे लगा हो सदमा।
क्या सखि साजन? ना सखि मुक़दमा।

जुटा स्वागत में पूरा गांव।
बढ़ चढ़ कर आतिथ्य का भाव।
खिलाने पिलाने में तैनात।
क्या सखि साजन? नहिं सखि बरात।

पहली बार वो आया गांव।
पापा उसके पखारे पांव।
भाव भरे मटकाता कुल्हा।
क्या सखि साजन? नहिं सखि दूल्हा।

भाव दिखाता है वो जरूर।
मगर है ताकत से भरपूर।
करके सेवन, सुडौल बाजू।
क्या सखि साजन? नहिं सखि काजू।

उससे दबा मोहल्ला रहता।
व्यापार में उगाही करता।
किसी को न भाय उसका ढंग।
क्या सखि साजन? नहिं सखि दबंग।

अच्छे भले वस्त्रों को कुतर।
रख देता कर के छितर बितर।
संदूक में भी जाता वो घुस।
क्या सखि साजन? नहिं सखि मूस।

रात भर सारंगी बजाता।
घड़ी घड़ी वो नींद भगाता।
छुपा रहता है कहीं सिकुड़।
क्या सखि साजन? नहिं सखि झिंगुर।

शाम ढले छत पर आ जाता।
रूप बड़ा ही मन को भाता।
हर लेता है मन के विषाद।
क्या सखि साजन? नहिं सखि चाँद।

जाती हूँ मैं सीधे छत पर।
देखूं उसको ऑखें भर कर।
जब भी आती उनकी याद।
क्या सखि साजन? नहिं सखि चाँद।

काम करते, सखि मेरी टकी।
अति मनमोहक, लगी उधर ही।
खोयी रही मैं पिछली रात।
क्या सखि साजन? नहिं सखि चाँद।

जब कभी मैं अकेले होती।
जाकर के छत पर ही सोती।
निहार सकूँ मैं छवि साक्षात्।
क्या सखि साजन? नहिं सखि चाँद।

लड़की देख नजर घुम जाती।
काम छिछोरे शर्म न आती।
कोई ना कहता उसे भला।
क्या सखि साजन? नहिं सखि मनचला।

बंगला गाड़ी सब कुछ पाया।
क्या कुछ खोया, सोच न पाया।
दिखा के खुश वो झूठी शान।
क्या सखि साजन? नहिं सखि ईमान।

उसकी ओट में थी मैं सोइ।
गुजरता जो बगल से कोई।
झांकने की कोशिश करता।
क्या सखि साजन? नहिं सखि पर्दा।

गया जेब भर, आया खाली।
कुछ दिन में घेरी कंगाली।
जीत जाऊंगा अगली बारी।
क्या सखि साजन? नहिं सखि जुआरी।

चुपके घुसा दुबक वो घर में।
सब जगे, सोई बेखबर मैं।
चारों ओर मच गया शोर।
क्या सखि साजन? नहिं सखि चोर।

बड़े महत्त्व का उसका काम।
तब हो पाता है इंतजाम।
सबकी रोटी उसी से पक्की।
क्या सखि साजन? नहिं सखि चक्की।

कान पकड़ कर मेरा लटका।
शौक किया वो पूरा मन का।
गालों पर लगाता ठुमका।
क्या सखि साजन? नहिं सखि झुमका।

निर्माण टिके भुगतान तलक।
बनाता नहीं टिकाऊ सड़क।
चले खा, खिलाकर कारोबार।
क्या सखि साजन? नहिं सखि ठेकेदार।

रखा सड़ जाये बेशक माल।
चढ़ा के रखे दाम हर हाल।
लगे न हक़ में किसी के और।
क्या सखि साजन? नहिं जमाखोर।

क्षेत्र में दबंगई दिखाता।
अपराधिक गतिविधि चलाता।
पैसे खातिर ही वो जीया।
क्या सखि साजन? नहिं सखि माफिया।

रोग से ज्यादा आय की बात।
जाँच कराता कई, बिन बात।
रोगी का तो बजट बेहाल।
क्या सखि साजन? नहिं अस्पताल।

खुद का माल ले जाता चुरा।
उसको मगर ना लगता बुरा।
देना न पड़े सरकार को कर।
क्या सखि साजन? नहिं सखि तस्कर।

आंख चुराए सबसे फिरता।
चुकाने की मंशा न रखता।
डरता कोई दे नहीं टोक।
क्या सखि साजन? नहिं कर्जखोर।

रजनी भागी डर के मारे।
पक्षी चहके ख़ुशी से सारे।
आया वो तो चमका पूरब।
क्या सखि साजन? नहिं सखि सूरज।

गजब नशा था दिल पे छाया।
कैसे कहूं बड़ा तड़पाया।
शूल सी तेज होठों की चुभन।
क्या सखि साजन? नहिं सखि चुम्बन।

वर्षा ऋतु में बड़े काम का।
हल निकालता तेज घाम का।
बादल देख याद वो आता।
क्या सखि साजन? नहिं सखि छाता।

बढ़ी कमाई उसको पाकर।
लाया वो मछली फंसाकर।
देता रोज नदी में डाल।
क्या सखि साजन? नहीं सखि जाल।

कर रहा मुंह से रक्त वमन।
उसे देखकर समझे थे हम।
चोट खा लिया है नादान।
क्या सखि साजन? नहिं सखि पान।

धूप, ठण्ड में सिर पर होता।
नहाने में आवश्यक होता।
बदन का पानी उसने सोखा।
क्या सखि साजन? ना सखि अंगोछा।

घोड़ी पर अकड़ा अलबेला।
भरी भीड़ में वही अकेला।
करने जा रहा फतह किला।
क्या सखि साजन? नहिं सखि दूल्हा।

खड़ा द्वार वायु का प्रहरी।
देता छाँव भरी दोपहरी।
छोटा मोटा है वो हकीम।
क्या सखि साजन? नहिं सखि नीम।

जलता जरूर, माघ या जेठ।
अकेले भरता, सबका पेट।
जगाती अम्मा, बेनी डुला।
क्या सखि साजन? नहिं सखि चूल्हा।

नीर फालतू यही समेटा।
पशुओं को पीने को देता।
इसी से काबू जल सैलाब।
क्या सखि साजन? नहिं सखि तालाब।

रोज सवेरे घर आ जाता।
खबर देश की मुझ तक लाता।
करता रहता नित खबरदार।
क्या सखि साजन? नहिं सखि अख़बार।

जोह रही कई दिन से डगर।
आकर बैठा कल मुँड़ेर पर।
उसके बोल से आसरा जागा।
क्या सखि साजन? नहिं सखि कागा।

आया पितरपख, उसकी शान।
गऊ संग हुआ वो भी महान।
छत से पूड़ी, आ ले भागा।
क्या सखि साजन? नहिं सखि कागा।

सिर पर मेरे कितने बाल?
गिन लो खुद ही, ये क्या सवाल!
काट गिराया समक्ष तमाम।
क्या सखि साजन? नहिं सखि हजाम।

सफाई से है उसको लगाव।
वस्त्र धोने में रखता चाव।
भिगो देता आता जो भी।
क्या सखि साजन? नहिं सखि धोबी।

निकलते ही घर से लटका।
रखवाली करते नहीं थका।
जिम्मे से पर काम संभाला।
क्या सखि साजन? नहिं सखि ताला।

वस्त्र पे हो के सवार चली।
पहुंचते उसके महकी गली।
सुगंध सुन्दर, भा गया चित्त।
क्या सखि सौतन? नहिं सखि इत्र।

कोरा चिट्टा चढ़ा बदन पर।
माटी लगी, न धुला कभी पर।
माटी में ही वो हुआ दफ़न।
क्या सखि साजन? नहिं सखि कफ़न।

हवा पानी का रखता ध्यान।
मेरे लिए वो है वरदान।
करुँगी रक्षा उसकी सदैव।
क्या सखि साजन? नहिं सखि पेड़।

घर आँगन को है महकाता।
बगिया मेरी वही खिलाता।
फूलों की करता रखवाली।
क्या सखि साजन? नहिं सखि माली।

हुआ मगन, हुई अच्छी फसल।
महीनों मेहनत का है फल।
बिटिया व्याहना, हुआ आसान।
क्या सखि साजन? नहिं सखि किसान।

गुलाल हाथ में, न जानी मैं।
अनजाना, ना पहचानी मैं।
उसके बहाने गाल को छुआ।
क्या सखि साजन? नहिं सखि फगुआ।

देखा खड़ा वो रहता तन के।
बाहर सख्त रसीला मन से।
मुंह में भरता मिठास घना।
क्या सखि साजन? नहिं सखि गन्ना।

फूलों का आशिक बेचारा।
गया लोभ में रस के मारा।
रात बिताया दल में फंसकर।
क्या सखि साजन? नहिं सखि भ्रमर।

सिर पे सवार करता बेकल।
बीत रहा है तनाव में पल।
रहना पड़ता मार के इच्छा।
क्या सखि साजन? नहिं सखि परीक्षा।

सदा ही रहता मेरे पास।
बिना बात हो जाता उदास।
उसे ना भाता रहना मौन।
क्या सखि साजन? नहिं सखि फ़ोन।

खाते, नहाते भी बुलाता।
पुकार को सुनना पड़ जाता।
लगा रखी अंग्रेजी टोन।
क्या सखि साजन? नहिं सखि फ़ोन।

बच्चों को घेरी इसकी लत।
गेम खेलने से ना फुरसत।
बाकी काम तो आधे पौन।
क्या सखि साजन? नहिं सखि फोन।

उसकी मुझसे, मेरी उससे।
और न जाने किससे किससे।
करने लगा है सबकी चुगल।
क्या सखि साजन? नहिं सखि गूगल।

दिन भर ध्यान उसी में रहता।
फालतू काम में व्यस्त रखता।
बाकी काम हो जाते ठप्प।
क्या सखि साजन? नहिं व्हाट्सप्प।

खम्भों पर पूरा नगर दौड़ता।
अपने यूँ अंगों को जोड़ता।
सुबह शाम करे ठेलम ठेल।
क्या सखि साजन? नहिं मेट्रो रेल।

दसवीं मंजिल पर थी सोई।
तस्वीर ले रहा, मेरी कोई।
खिड़की से देख गई मैं चौंक।
क्या सखि साजन? नहिं सखि ड्रोन।

है परछाईं की सुंदरता।
झूठी छवि को सही समझता।
दीवाने को होय न इल्म।
क्या सखे साजन? नहिं सखि फिल्म।

आम जन करता रहता जंग।
नेता के आगे घिग्घी बंद।
टेढ़ी खीर शिकायत लिखवाना।
क्या सखि साजन? नहिं सखि थाना।

कभी पैसे का होता लोभ।
कभी तो रुतबे का प्रकोप।
करवाता उससे मनमाना।
क्या सखि साजन? नहिं सखि थाना।

पैसा ले जाओ, वो धर लेता।
कागज एक आगे कर देता।
पैसे लेकर कहता थैंक।
क्या सखि साजन? नहिं सखि बैंक।

देखी तो दहल गया था दिल।
भारी भरकम पकड़ाया बिल।
किया था बेशक देखभाल।
क्या सखि साजन? नहिं अस्पताल।

राह में वो करता सुरक्षा।
काम का, भगाने में कुत्ता।
कहीं अकेले में वो साथी।
क्या सखि साजन? नहिं सखि लाठी।

खट्टा उसका बड़ा स्वभाव।
बढ़ा देता भोजन में चाव।
स्वाद को देता है संवार।
क्या सखि साजन? नहिं सखि अंचार।

उसके कारण आती रंगत।
थाल का भोजन चाहे संगत।
धनिया, पुदीना मिर्च की बनी।
क्या सखि साजन? नहिं सखि चटनी।

आते ही आँखों पे छाये।
बिस्तर पर मुझे बुलाये।
पड़े रहने की उसकी जिद्द।
क्या सखे साजन? नहिं सखि नींद।

कहते बीत गये कई साल।
देता है हर बार ही टाल।
जब देखो मंहगे का रोना।
क्या सखि साजन? नहिं सखि सोना।

जब जब उसकी होय पिटाई।
रोता पर वो भाय रुलाई।
धुन, कानों में देता घोल।
क्या सखि साजन? नहिं सखि ढोल।

छाती पर धरते ही कमान।
निकलने लगती मीठी तान।
मन को सबके कर दे रंगीं।
क्या सखे साजन? नहिं सारंगी।

मुंह से जब भी फूंक लगाया।
उंगलियां छेदों पर फिराया।
मन को धुन ने वश में कर ली।
क्या सखि साजन? नहिं सखि मुरली।

हुआ आजकल अजब ही ढंग।
गिरगिटान की भांति वो रंग।
अवसर पाकर बदल लेता।
क्या सखि साजन? नहिं सखि रिश्ता।

समय हुआ टूटा डाली से।
घर को छोड़ मिला माटी से।
होना यही एक दिन सबका।
क्या सखि साजन? नहिं सखि पत्ता।

बड़े प्यार से मुझको ढोता।
सारा बोझ उसी पर होता।
घुमा के लाता सारा गांव।
क्या सखि साजन? नहिं सखि पांव।

कोई देखे नयन में झील।
कोई देखे गालों पे तिल।
देखे ना उसकी लाचारी।
क्या सखि साजन? नहिं सखि नारी।

प्रजनन से जन के पालन तक।
कुटुंब के क्षुधा निवारण तक।
उठाये सिर पे जिम्मेदारी।
क्या सखि साजन? नहिं सखि नारी।

थी ना कोई जान पहचान।
उतरते ही पकड़ा सामान।
देखा वो मेरी सांस फूली।
क्या सखि साजन? नहिं सखि कुली।

उसके घर में आ जाने पर।
मोड़ लेते मुंह सगे भी सब।
कोई नहीं दिखाता करीबी।
क्या सखि साजन? नहिं सखि गरीबी।

खोलते ही मुंह पकड़ लेता।
आये को पिसान कर देता।
राहत बहुत पा जाती आंत।
क्या सखि चक्की? नहिं सखि दांत।

दो जबड़ों में आया जो भी।
साबुत एक बचा ना कोई।
पिस जाना उसकी है पक्की।
काया सखी साजन? नहिं सखी चक्की।

बैठा पंछी कितना उदास।
घर जाने की छोड़ के आस।
लोहे के सिकंजे में घिरा।
क्या सखि साजन? नहिं सखि पिंजरा।

चढ़ा पीठ यूँ पहली बारी।
सजी धजी पर, जैसे यारी।
भली जमी दोनों की जोड़ी।
क्या सखि साजन? नहिं सखि घोड़ी।

सटी दीवार, याद दिलाती।
टकी लगाये ही सो जाती।
नयन बहाने लगते नीर।
क्या सखि सजनी? नहिं सखि तस्वीर।

शरीर चिट्टा, लम्बा सा कद।
मिजाज बिगाड़ दे मुंह से लग।
जलन नाक की मैं ना भूली।
क्या सखि साजन? नहिं सखि मूली।

मुझको तो वैसे भी भाता।
खाय पराठा रंग जमाता।
सबसे दोस्ती, बड़ा ही चालू।
क्या सखि साजन? नहिं सखि आलू।

कद ऊँचा, तान देता तम्बू।
अंगना खड़ा शादी में लम्बू।
विवाह में वो रहता खास।
क्या सखि साजन? नहिं सखि बांस।

उठाया घूँघट बेशर्मी ने।
हिम्मत दी मेरी नरमी ने।
छूकर गया कहीं दूर नयन।
क्या सखि साजन? नहिं सखि पवन।

पहन लंगोट, बाँहों को ऐंठ।
नीचे पटक, गया ऊपर बैठ।
जीत की आग, मैं समझी मस्ती।
क्या सखि साजन? नहिं सखि कुश्ती।

अफसर बाबू संलिप्त तमाम।
बना देता, बिगड़े भी काम।
जानता कला करने का खुश।
क्या सखि साजन? नहिं सखि घूस।

मैं तो केवल बटन दबाती।
उसी बदौलत बिजली आती।
बिजली गुल, गर हुआ बीमार।
क्या सखि साजन? नहिं सखि तार।

उसके सहारे चलतीं साँसे।
संग खड़ा वो नथनी थामे।
उसकी तो अपनी ही धाक।
क्या सखि साजन? नहिं सखि नाक।

सुरक्षा का वो करता वादा।
संग मेरे सब्जी भी काटा।
करती उस पे भरोसा पूरा।
क्या सखि साजन? नहिं सखि छूरा।

माखन खाया मटकी फोड़ी।
और तो और बांह मरोड़ी।
उसे मगर अपना ही माना।
क्या सखि साजन? नहिं सखि कान्हा।

शरारत से हो जाती तंग।
खींच ले गया अपने संग।
माँ ने जब ओखली से बांधा।
क्या सखि साजन? नहिं सखि कान्हा।

वृन्दावन में रास रचाया।
बालाओं के उर में छाया।
राधा तज आयी बरसाना।
क्या सखि साजन? नहिं सखि कान्हा।

जब जब उसने वेणु बजाया।
कन्यायों के हृदय समाया।
गोकुल हुआ उसका दीवाना।
क्या सखि साजन? नहिं सखि कान्हा।

लगे तो भीतर तक दे चीर।
हिया में करती भारी पीर।
जाय नहीं उसकी विष घोली।
क्या सखि साजन? नहिं सखि बोली।

विचार कम कुश्ती कुछ ज्यादा।
हों ज्यों लड़ने को आमादा।
कहने को तो जन शुभचिंतक।
क्या सखि साजन? नहिं सखि संसद।

खुद के लिए शब्दों का किला।
रखे सब सुविधा, फिर भी गिला।
जनहित से उपर अपना स्वारथ।
क्या सखि साजन? नहिं सखि सांसद।

जान सकी ना मन के काले।
रखे रही मैं उसे संभाले।
देकर गया, बन सीधा सादा।
क्या सखि साजन? नहिं सखि वादा।

जाती चौक, रोज मिल जाता।
इशारों से वो मुझे बुलाता।
दे देती कुछ सोच लाचारी।
क्या सखि साजन? ना री भिखारी।

पलक उठा, ले लिया तस्वीर।
मैं तो दीवानी उसकी फिर।
मुझको प्रिय, वो मन में घरा।
क्या सखि साजन? नहिं सखि कैमरा।

करतब की जब आयी बारी।
लग गया दिखाने अय्यारी।
जोर से दौड़ा खाकर कोड़ा।
क्या सखि साजन? नहिं सखि घोड़ा।

बुने हुये था ताना बाना।
करे कीट, हरकत बचकाना।
उसकी चाल में जाए जकड़ा।
क्या सखि साजन? नहिं सखि मकड़ा।

शुद्ध हवा मिलती है ताजा।
कोयल, मेढ बजाते बाजा।
तरुवर देता शीतल छाँव।
क्या सखि साजन? नहिं सखि गांव।

हंसने लगे दोनों ही तीर।
मछली की खुल गयी तकदीर।
पहली बारिश जोश में चल दी।
क्या सखि सजनी? नहिं सखि नदी।

घेर के मेघ बढ़ाये चिंता।
कैसे करेगा अब वो रक्षा।
चलाया था आज ही चाक।
क्या सखि साजन? नहिं सखि कुम्हार।

रंग काला, पर अच्छे करम।
सेंक के देता रोटी गरम।
मैं भी रखती उसको जवां।
क्या सखि साजन? नहिं सखि तवा।

सामने पड़े, लगता खतरा।
खेले न जाने क्या पैंतरा।
देख के जी जाता है कांप।
क्या सखि साजन? नहिं सखि सांप।

प्रातः होते मुंह लग जाता।
नन्हीं को पर तनिक न भाता।
मम्मी से होती रोज अनबन।
क्या सखि साजन? नहिं सखि मंजन।

मेहमानों में जा जम गया।
सभी के मन में वह रम गया।
संग ही मैंने चाय परोसा।
क्या सखि साजन? नहिं सखि समोसा।

और और की हवश बढ़ाया।
नित गर्त में नीचे गिराया।
चाह को अपनी सकी न रोक।
क्या सखि साजन? नहिं सखि लोभ।

कैसे करूँ उसका विस्वास।
तोड़ देता है मन की आस।
कहने से उसे, भला है मूक।
क्या सखि साजन? नहिं सखि झूठ।

चले पीठ पर सिर से लटके।
खाय मेरी चाल के झटके।
सोचती, कर दूँ उसको छोटी।
क्या सखि साजन? नहिं सखि चोटी।

पैसे हेतु मैं चली जाती।
बड़े अधिकार से ले आती।
बोलती उसको हो के फ्रैंक।
क्या सखि साजन? नहिं सखि बैंक।

कितना बोझ सहती जाती।
ऊपर से ठोकर भी खाती।
रखती मिजाज फिर भी कड़क।
क्या सखि साजन? नहिं सखि सड़क।

बाग में आया सुन्दर नर्तक।
घूम गयी सबकी नजरें तब।
देख रहे सब उसी की ओर।
क्या सखि साजन? नहिं सखि मोर।

रात भर भिगोया गुलाब को।
जाड़ा में कँपाया रात को।
घास भी भीगी पड़ी बेहोश।
क्या सखि साजन? नहिं सखि ओस।

सर्दी की रात, ऊपर ओस।
पड़ी मैदान में, की न रोष।
नंगे भीगी, न ओढ़न पास।
क्या सखि सौतन? नहिं सखि घास।

जाने क्यों हो गयी नाराज।
दूर बसी उड़ गांव से आज।
कैसे मनाऊं उसको दईया।
क्या सखि सौतन? नहिं गौरैया।

आती और पी जाती दूध।
फिर भी होता कोई न क्षुब्ध।
इसी गांव में आखिर वो पली।
क्या सखि सौतन? नहीं सखि बिल्ली।

जरूरत को समझ वो जाता।
मेरे घर पानी ले आता।
रहता है पर भीतर छिपा।
क्या सखि साजन? नहिं सखि पीपा।

लेकर खड़ा रहता वो पुष्प।
तोड़ भी लूँ, होता ना रुष्ट।
हल करती मैं उसके मसला।
क्या सखि साजन? नहिं सखि गमला।

आती भू को तर कर जाती।
सब प्राणी का मन हर्षाती।
कभी कभी देती है तरसा।
क्या सखे सजनी? नहिं सखे वर्षा।

रहती है वो पकड़ कलाई।
मुझको बड़ी रास वो आयी।
रंगीली सुंदर मन को जूरी।
क्या सखि सजनी? नहिं सखि चूड़ी।

सोचे पकड़ूँ, हाथ न आवे।
चार पंख, झट से उड़ जावे।
छूते ही हाथ से फिसली।
क्या सखि सजनी? नहिं सखि तितली।

दिखाने हेतु अपना दमखम।
बांधे रखी हिंदी की कलम।
बाहर से आ, जड़ वो कुरेदी।
क्या सखि सजनी? नहिं सखि अंग्रेजी।

जब देखो सिर पर ही सवार।
फिर भी नहीं लगती है भार।
कान को भी रहती पकड़ी।
क्या सखे सजनी? नहिं सखे पगड़ी।

बीती जिंदगी को नापती।
बाकी कितना, नहीं जानती।
चलती है कलाई को पकड़ी।
क्या सखे सजनी? नहिं सखे घड़ी।

पानी लिए खड़ी वो छत पर।
जब चाहूँ, देती बर्तन भर।
उसी से है, तसल्ली मन की।
क्या सखि सजनी? नहिं सखि टंकी।

काम फिसड्डी न्यून योग्यता।
गुणवत्ता से भी समझौता।
योग्य वंचित, उसके कारण।
क्या सखि साजन? नहिं आरक्षण।

वह गमों को कैसे भुलाता!
जगी यादें कैसे सुलाता!
पाया न होता उसका साथ।
क्या सखि सजनी? नहिं सखि शराब।

चिट्ठी आई, उसकी, रुलाई।
इस वर्ष न छुट्टी मिल पायी।
मिले नहीं मुझे चैन तनिक।
क्या सखि साजन? हाँ सखि, सैनिक।

मुझसे अधिक वहां की चिंता।
देश के आगे मुझे न गिनता।
कहता, रक्षा जिम्मा नैतिक।
क्या सखि साजन? हाँ सखि, सैनिक।

राष्ट्र ये सोता, मैं जगती।
तीज त्यौहार, बे-मन सजती।
मैं यहाँ, वो सीमा चौकी।
क्या सखि साजन? हाँ सखि, फौजी।

सर्दी गर्मी या बरसात।
सदा ही रहता है तैनात।
काम में कोई नहीं कोताही।
क्या सखि साजन? ना सखि सिपाही।

उसके खातिर, धर्म न जात।
रक्षा में चौकस दिन व रात।
करता तनिक न लापरवाही।
क्या सखि साजन? ना सखि सिपाही।

अपने प्राण संकट में डाल।
करता है औरों का ख्याल।
फिर भी ना मिलती वाहवाही।
क्या सखि साजन? ना सखि सिपाही।

सुख सुविधा पे ध्यान न किंचित।
खान पीन का समय न निश्चित।
कर ना पाता है मनचाही।
क्या सखि साजन? ना सखि सिपाही।

ना खुद वो, ना पाती आयी।
काटूं अकेले नित तन्हाई।
गए हुए उसे वर्ष से बेसी।
क्या सखि साजन? हाँ सखि, परदेसी।

रहती अपने काम में व्यस्त।
काम की ही वो धुन में मस्त।
लक्ष्य को अपने पांव समेटी।
क्या सखि सौतन? नहिं सखि चींटी।

लेन देन की रखता किताब।
रखे उसी में सबका हिसाब।
मैं क्या जानूं गलत या सही।
क्या सखि साजन? नहिं सखि बही।

कुर्सी मेज सब है बनाता।
बनकर पायँ पलंग उठाता।
बनाया मेरी उसी ने खाट।
क्या सखि साजन? नहिं सखि काठ।

बढ़ जाती है जरा सी रोज।
खुजली करती, अगर दूँ छोड़।
कंघी से ना जाए झाड़ी।
क्या सखे सजनी? नहिं सखे दाढ़ी।

बिना पंख के ही उड़ जाती।
बच्चों के दिल से जुड़ जाती।
जमाती झूम के नभ में रंग।
क्या सखि सजनी? नहिं सखि पतंग।

बच्चे, बड़े सबकी दुलारी।
जान बचाना फिर भी भारी।
कट चली जाती छोड़ के संग।
क्या सखि सजनी? नहिं सखि पतंग।

ऊँचा उड़ना उसकी आदत।
दिवाने सब गली के बालक।
भरती उनके मन में उमंग।
क्या सखि सजनी? नहिं सखि पतंग।

लटक गयी वो गला पकड़ के।
चल पड़े हम घर से अकड़ के।
भरी सभा में रंग जमाई।
क्या सखे सजनी? नहिं सखे टाई।

पैसे से ही अब वो मिलती।
निर्धन की है कहीं न गिनती।
गया जहाँ भी वहीं ना करी।
क्या सखे सजनी? नहिं सखे नौकरी।

खेत में करवाती मेहनत।
काम बड़ा ही लगता जहमत।
भाव दिखाती जा के मंडी।
क्या सखी सौतन? नहिं सखि भिंडी।

घर-बार छोड़, पड़ा वो दूर।
रखता जोश मन में भरपूर।
जान से खेलना काम दैनिक।
क्या सखि साजन? हाँ सखि, सैनिक।

अधिकारों का रखता हिसाब।
कर्तव्य की न खोले किताब।
दिखावा देश की जपता जंत्री।
क्या सखि साजन? नहिं सखि मंत्री।

एक दो नहीं, आठ दस साल।
तारीख देकर, देता टाल।
जोड़ जोड़ कर नए अध्याय।
क्या सखि साजन? नहिं सखि न्याय।

चढ़ चुनावी बैतरणी पार।
उसी बदौलत हुआ उद्धार।
नेता जी के बाँट के ठाट।
क्या सखि साजन? नहिं सखि जाति।

मिलाकर के कदमों से कदम।
चलती पलटन पीटते ड्रम।
बोलता रहता एक-दो हेड।
क्या सखि साजन? नहिं सखि परेड।

सुयोग्य फिरे ड्योढ़ी ड्योढ़ी।
न्यून योग्य पा जाये सीढ़ी।
स्वतंत्र देश की है सौगात।
क्या सखि साजन? नहिं सखि जाति।

झूठे वादे उसका व्यसन।
माथे पे फिर भी नहीं शिकन।
अचरज, इतना कैसे कह लेता।
क्या सखि साजन? नहिं सखि नेता।

रुतबा आते ही खो जाता।
जाने कैसा तब हो जाता।
पनपने लग जाती धृष्ठता।
क्या सखि साजन? नहिं सखि शिष्टता।

सबसे पहले बनाये काम।
दूर हो जाय झंझट व झाम।
अधिकारी हो जाते हैं नत।
क्या सखि साजन? नहिं सखि रिश्वत।

भविष्य खातिर बचाये रखी।
मंहगाई में गल गया सखी।
पहले से कम मोल अब शेष।
क्या सखि साजन? नहिं सखि निवेश।

बढ़ता कभी जब अत्याचार।
करना होता उसका विचार।
तभी मिल पाती हक व शांति।
क्या सखि साजन? नहिं सखि क्रांति।

राह बताये, रास जो आय।
खुश हो के दक्षिणा दे जाय।
यजमान की बात करे न खंडित।
क्या सखि साजन? नहिं सखि पंडित।

समान्तर रखने को सत्ता।
उपेक्षित विधान अलबत्ता।
बजा देता फतवा की ढोलकी।
क्या सखि साजन? नहिं सखि मौलवी।

लाभ हेतु प्रमाण बनवाया।
नाम लिया तो केस चलाया।
क्योंकि निहित इसी में स्वार्थ।
क्या सखि साजन? नहीं सखि जाति।

पांवों को आकर छू जाती।
अठखेलियां मन को लुभाती।
दिल करता, वहीँ जाय ठहर।
क्या सखे सजनी? नहिं सखे लहर।

छुपा कर रखे अनेकों रत्न।
देख नहीं पाते मगर नयन।
जल से भरा दिखता गागर।
क्या सखि साजन? नहिं सखि सागर।

इससे बड़ा न धरा पे कोय।
अथाह रखा वो भर के तोय।
सहस्रों जीव छुपाये अंदर।
क्या सखि साजन? नहिं सखि समुन्दर।

गला बांध लटकाई मटकी।
दूर कहाँ जल, गर्दन लटकी।
हुई तसल्ली जब जल ने छुआ।
क्या सखि साजन? नहिं सखि कुआँ।

एकत्र हुई पनिहारिन सगरी।
अपनी अपनी लेकर गगरी।
मन की भरी निकालीं झटपट।
क्या सखि सजनी? नहिं सखि पनघट।

रात होते बढ़ जाती नजर।
दृष्टि दौड़ाता इधर उधर।
वो जागे, मैं चाहूँ सो लूँ।
क्या सखि साजन? नहिं सखि उल्लू।

सहकर भी बड़ी एक त्रासदी।
स्थान अपना नहीं पा सकी।
सदियां भय में ही गुजारी।
क्या सखि सजनी? नहिं सखे नारी।

उसे लगाना चाहें लगाम।
खुद के बेशक क्षुद्र हों काम।
कब तक रहेगी बनी बेचारी!
क्या सखि सौतन? नहिं सखि नारी।

एक दीवार उसका ही होता।
बारह पोस्टर खड़ा ले होता।
हर एक को फेंकती फाड़कर।
क्या सखि साजन? नहिं कैलेंडर।

मैं सोती वो जगती रहती।
सिवा टिक टिक के कुछ न कहती।
एक ही स्थान रहती पड़ी।
क्या सखि सौतन? नहिं सखि घड़ी।

खट्टा पर उठा लिया गिलास।
गट गट कर, कर दिया खलास।
नमकीन हो तो और भी भाता।
क्या सखि साजन? नहिं सखि माठा।

उसके कारण मुझको भूला।
शाम निकलता बन के दूल्हा।
नैन बहाते अकेले कजरा।
क्या सखि सौतन? नहिं सखि मदिरा।

शाम उसका देर से आना।
नया रोज कर कोई बहाना।
मुझको तो लगता है खतरा।
क्या सखि सौतन? नहिं सखि मदिरा।

मेरे अंगना आ जाती रोज।
मुझे भी रहती उसकी खोज।
फुदकती देख चहकती गुड़िया।
क्या सखि सजनी? नहिं सखि चिड़िया।

झेल सके वो खड्ग की धार।
आगे अड़ता, होय जब वार।
चोट की दे आशंका टाल।
क्या सखि साजन? नहिं सखि ढाल।

विलोक बिटिया मुंह बिचकाती।
जब कि उसी से ताकत आती।
बहला फुसलाकर लेती घूंट।
क्या सखि साजन? नहिं सखि दूध।

टांग जोड़ती है कुर्सी की।
टांगें पर्दा, तस्वीर सभी।
वो लकड़ी को देती है सिल।
क्या सखि सजनी? नहिं सखि कील।

कितना भी मंहगा हो वस्त्र।
पाया तो दिया तुरंत कुतर।
जिस भांति हुई उसकी मर्जी।
क्या सखि साजन? नहिं सखि दरजी।

बादल का छोटा सा टुकड़ा।
लगा बादल के नीचे उड़ा।
देख कर उनको मन उड़ चला।
क्या सखि साजन? नहिं सखि बगुला।

करने लग पड़ता नेता हर।
वर्षा ऋतु जैसा टर्र टर्र।
आम जन का बढ़ जाता भाव।
क्या सखि साजन? नहिं सखि चुनाव।

चित्र में भर देती वो रंग।
श्रेष्ठ उससे न किसी को ढंग।
चित्रकार की है वो प्रेमिका।
क्या सखि सजनी? नहिं सखि तूलिका।

दो घरों की नाव को खेती।
बोझ सारा अपने सिर लेती।
आँचल में पर दर्द समेटी।
क्या सखि सौतन? नहिं सखि बेटी।

पीछे छोड़ अपना घर बार।
चले बसाने नया संसार।
आते ही चहका घर आंगन।
क्या सखि साजन? नहिं सखि, दुल्हन।

नारी मन कोमल बेचारा।
उसका लेती सदा सहारा।
बिछुड़े या फिर होवे मिलाप।
क्या सखि साजन? नहिं सखि, विलाप।

मैं तो हुई बड़ी परेशान।
हालत का नहीं रखती ध्यान।
खा जाती है सारी कमाई।
क्या सखि, सौतन? नहिं मंहगाई।

बार बार वही दोहराता।
लाख करूँ पर छोड़ न पाता।
बिगाड़ा उसने घर की दशा।
क्या सखि, साजन? नहिं सखि, नशा।

आजकल है जी मिचलाता।
उलटी से भी मन घबराता।
पहली बेर, डाला यह फेर।
क्या सखि, **साजन**? नहिं, भारी पैर।

निकल गया है, आती लाज।
छुपाऊं मैं, न बताऊँ राज।
मुस्कराते सब, मुझे देख के।
क्या सखि, **साजन**? नहिं **सखि**, पेट से।

मन में नूतन जोश भरा है।
पहले का पल बहुत बड़ा है।
जीवन का यह अद्भुत पर्व।
क्या सखि, **साजन**? नहिं सखि. गर्भ।

लेकर आई ढीले **कपड़े**।
तंग का नहीं रखना लफड़े।
पल रहा, उसको हो राहत।
क्या सखि, **साजन**? नहिं सखि, बालक।

मिले तो मन में खुशी अपार।
देना पड़े तो लगता भार।
निभाना पड़ता पर व्यवहार।
क्या सखि, साजन? नहिं सखि, उपहार।

सास, बहन, साली का देखा।
पर ना घरवाली का देखा।
ढके रहे परदे में नयन।
क्या सखि, सौतन? नहिं सखि. विधवापन।

वही उगाता तो जग खाता।
फिर भी वो निर्धन रह जाता।
उस पर करे, कौन, जो ध्यान।
क्या सखि, साजन? नहिं सखि, किसान।

छोटा मोटा इतिहास लिखा।
खुद का उसमें परिहास दिखा।
रखे हुए यादों की शायरी।
क्या सखि, साजन? नहिं सखि, डायरी।

खाकर करता, थाल में छेद।
अन्य को देता, घर के भेद।
कारण उसके निश्चित हार।
क्या सखि, साजन? नहिं सखि, गद्दार।

साँस न प्राण, थाम के उंगली।
लहंगा पहने नाचने चली।
मारी बड़ी ठुमके मनचली।
क्या सखि, सजनी? नहिं, कठपुतली।

छूते ही होंठ, लगा वो खास।
मुंह में भर दिया खूब मिठास।
नरमी का भी दिखाया जलवा।
क्या सखि, साजन? नहिं सखि, हलवा।

मेरी दही को जी भर फेंटा।
मट्ठा छोड़ मक्खन समेटा।
भायी मुझको उसकी करनी।
क्या सखि, साजन? नहिं सखि, मथनी।

अबला, गई एकोर धकेली।
घर में अपने, भई सौतेली।
वो सिंदूर, ये रह गई बिंदी।
क्या सखि, सजनी? नहिं सखि, हिंदी।

सौत के साथ समझते शान।
बेचारी का घोर अपमान।
पर प्रेम ने दुर्गति कर दी।
क्या सखि, सजनी? नहिं सखि, हिंदी।

उत्तर दक्षिण में बंट गई।
महिमा खुद के घर में घट गई।
मार दी राजनीति ने गन्दी।
क्या सखि, सजनी? नहिं सखि, हिंदी।

विदेश से अंग्रेजी पढ़ आये।
हिंदुस्तानी तब कहलाये।
इसके प्रति नफ़रत सी भर दी।
क्या सखि, सजनी? नहिं सखि, हिंदी।

अपनों की अति सही ये मार।
समझते इसको सिर पर भार।
घुट घुट कर ही है यह जिन्दी।
क्या सखि, सजनी? नहिं सखि, हिंदी।

थोड़े ही हैं जो रखवाले।
आन बान इसकी सम्भाले।
वरना लुट जाती ये कब की।
क्या सखि, सजनी? नहिं सखि, हिंदी।

सदा ही शासन से तिरस्कृत।
सौत हो जाती है पुरस्कृत।
रंगमंच तक सिमित कर दी।
क्या सखि, सजनी? नहिं सखि, हिंदी।

राष्ट्र खड़ा उसके संग सारा।
इसे बचाओ, रह गया नारा।
मुंह लटकाये पड़ी शर्मिंदी।
क्या सखि, सजनी? नहिं सखि, हिंदी।

मार्ग बनाओ इसके चौड़े।
राष्ट्र के नस नस में दौड़े।
पा सके ये अपनी बुलंदी।
क्या सखि, सजनी? नहिं सखि, हिंदी।

बड़े अनोखे लय और स्वर।
है ना कोई इससे सुन्दर।
मधुर कंठ कहीं कोई भी।
क्या सखि, सजनी? नहिं सखि, हिंदी।

उसके ही बल ढा रहे सितम।
भारत में राज उसी के दम।
छोड़ गये वो, इन्होंने सहेजी।
क्या सखि, साजन? नहिं सखि, अंग्रेजी।

आती छीन ले जाती साँसें।
भय से ना खुल पातीं आँखें।
सभी के मन में उसका खौफ।
क्या सखि, सौतन? नहिं सखि, मौत।

रखती पौष्टिकता भरपूर।
निर्धन की पर थाल से दूर।
महंगाई में बड़ी लाचारी।
क्या सखि, साजन? नहिं, तरकारी।

जब भी कोई संकट आये।
मदद हेतु वो हाथ बढ़ाये।
चाहे परिस्थिति हो विपरीत।
क्या सखि, साजन? नहिं सखि, मीत।

लगा होता जब देखो जाम।
भीड़ लगाता वही तमाम।
जुटे ही रहते अक्सर लोग।
क्या सखि, साजन? नहिं सखि, चौक।

खौलता तेल, गयी वो लेट।
कुंडली मार पी रस भर पेट।
आ के लगी मुंह से मेरे भी।
क्या सखि, सजनी? नहिं सखि, जलेबी।

लगता भोला, पर है चालू।
ठूस कर वो पेट भर आलू।
गरम कड़ाही में जा सोता।
क्या सखि, साजन? नहिं सखि, समोसा।

हुई बरसात, अति अकुलाई।
नहीं तनिक भी देर लगायी।
जोश में पी से मिलने चल दी।
क्या सखि, सौतन? नहिं सखि, नदी।

अच्छी भली थी, बहकी चाल।
दिल बेकाबू, हुआ बेहाल।
लग पड़ा है करने मनमानी।
क्या सखि, साजन? नहिं सखि, जवानी।

जब भी जाऊं सब्जी मंडी।
हाथ थाम चल देता वह भी।
ढोता आखिर वही तो भोला।
क्या सखि, साजन? नहिं सखि, झोला।

उत्सव हो या तीज त्यौहार।
सजाने चल दे कोमल हाथ।
देख लाल, मैं भी हाँ कह दी।
क्या सखि, साजन? नहिं सखि, मेहंदी।

रोज ही चल देता काम पर।
स्वच्छ रखता घर वो साफ कर।
उडाता गुब्बार, होने पर चालू।
क्या सखि, साजन? नहिं सखि, झाड़ू।

बने भवन में लगी मशीन।
श्रमिक काम में होते लीन।
वस्तु निकलते बन के नाना।
क्या सखि, साजन? नहिं, कारखाना।

बड़ा है सबसे पक्षपाती।
आने दे सूरत जब भाती।
रात में नित बंद हो जाता।
क्या सखि, साजन? नहिं, दरवाजा।

पानी डाल के खाता दाल।
खौलते तेल में देता ताल।
कटोरी में हो जाता खड़ा।
क्या सखि, साजन? नहिं सखि, बड़ा।

दाल हेतु हो जाता आतुर।
गर्मी खाकर अतिशः व्याकुल।
दाल का संग पाते ही भड़का।
क्या सखि, साजन? नहिं सखि, तड़का।

लेकर खड़ा मंच पर जोड़ा।
हंसी ठिठोली कर के थोड़ा।
हाथ उठा के गले में डाला।
क्या सखि, साजन? नहिं, जयमाला।

ले ली जब वो चाट का स्वाद।
मगन हो खूब मनाई ठाट।
उसको इससे बहुत है प्रीत।
क्या सखि, सौतन? नहिं सखि, जीभ।

कर गयी एक, गगन पाताल।
छुप गयी अपने, पिटा कपाल।
फिर भी खुद की समझी जीत।
क्या सखि, सौतन? नहि सखि, जीभ।

सिर पर यद्यपि बोझा लगती।
लज्जा मेरी पर ये ढकती।
साथ ले चलती मैं तो सुन री।
क्या सखि, सजनी? नहिं सखि, चुनरी।

होय पूछ, रसोई में रोज।
शुभ काम में भी हो खोज।
सब्जी, दाल में रंगत भर दी।
क्या सखि, सजनी? नहिं सखि, हल्दी।

होता कहीं भोज भंडारा।
कट जाता है वो बेचारा।
खाने जुटते लल्लन, लालू।
क्या सखि, साजन? नहिं सखि, आलू।

चली जाती हूँ उसके ठौर।
पैसा भी देती हूँ बतौर।
मिल जाता जो चाहूँ सामान।
क्या सखि, साजन? नहिं सखि, दुकान।

मरू भूमि में खेल रचाता।
यहाँ की रेत वहां ले जाता।
बनाता रहता टीले सघन।
क्या सखि, साजन? नहिं सखि, पवन।

पास ना जिसके, हाथ मलता।
उसके बिन व्यापार न चलता।
महिमा उसकी मैं क्या कहूं जी।
क्या सखि, साजन? नहिं सखि, पूंजी।

पहले का तो अनेकों पड़ा।
नए की पर वो जिद्द पे अड़ा।
खाने हेतु हो रहा मनौना।
क्या सखि, साजन? नहिं सखि, खिलौना।

उसके छूटे, तन ये माटी।
किसी बड़े ढेले की भांति।
रोने लगते अपने खास।
क्या सखि, साजन? नहिं सखि, सांस।

लगता उसी के बदौलत हम।
करे मगर वो अंधे के सम।
भुला देता नीति, विवेक सब।
क्या सखि, साजन? नहिं सखि, वैभव।

पायी ज्यादा, मन जो मुराद।
दे दिया उसने, छप्पर फाड़।
उसके आगे कुछ न असाध्य।
क्या सखि, साजन? नहिं सखि, भाग्य।

जल ही पीना, वही बिछौना।
जल घट जाये, जीवन बौना।
वायु ले लेती सांसें छीन।
क्या सखि, साजन? नहिं सखि, मीन।

भरे रही वो मन में उमंग।
करी अठखेली हवा के संग।
कट के भी छोड़ी नहीं रंग।
क्या सखि सजनी? नहिं सखि पतंग।

पैसा, उसके मन बस जाता।
पैसे पाय सुख वो मनाता।
पैसे खातिर बेचा जमीर।
क्या सखि साजन? नहिं सखि अमीर।

यही है उसके फन की बात।
लम्बे दांत से करता घात।
वैसे न डाकू, न ही लड़ाकू।
क्या सखि साजन? नहिं सखि चाकू।

टहलने जाती वो अति दूर।
साल पश्चात् ही लौटे मुड़।
सर्दी, गर्मी, वर्षा सहती।
क्या सखि सजनी? नहिं सखि धरती।

वैसे तो दिल्ली की रानी।
गए बरसात काला पानी।
विष पीती जल से कई गुना।
क्या सखि सौतन? नहिं सखि यमुना।

शक्ति को नहीं व्यर्थ गंवाता।
जरूरत जब निडर डट जाता।
अँधेरे में न छोड़े तीर।
क्या सखि साजन? नहिं सखि वीर।

वहां रोज का, उसका जाना।
धीरे धीरे घर का खजाना।
पूरा ही खाली कर डाला।
क्या सखि सौतन? नहिं मधुशाला।

असर किया उसने कुछ ऐसा।
छोड़ा नहीं आदमी जैसा।
डाल दिया विवेक पर ताला।
क्या सखि सौतन? नहिं मधुशाला।

मिलाकर के कदमों से कदम।
चलती पलटन पीटते ड्रम।
बोलता रहता एक-दो हेड।
क्या सखि साजन? नहिं सखि परेड।

रात को ना दीया बुझाती।
कहाँ चैन से सोने पाती।
जगाये रहती यादों की चुभन।
क्या सखि सौतन? नहिं सखि विरहन।

आ गया जब लेने का वक्त।
खुद का पैसा हो गया जप्त।
भूलना दिया बड़ा ही चोट।
क्या सखि साजन? ना सखि पिनकोड।

तिरंगा ओढ़ के आया वह।
देखने उमड़ा पूरा शहर।
मुल्क समूचा उसका मुरीद।
क्या सखि साजन? नहिं सखि शहीद।

देखा चलते गजब बाजार।
वहां पे मुर्दा खरीददार।
गया जो लिया जरूर सामान।
क्या सखि साजन? ना सखि श्मशान।

तोप देता सुन्दर सा चाँद।
कैसी रीति बनाया समाज।
देखने को न मिला शबाब।
क्या सखि साजन? नहिं सखि नकाब।

सन्नाटे में गयी जब सेज।
खोली उसकी खनक ने भेद।
ननदी सुनकर के हंस पड़ी।
क्या सखि सौतन? नहिं सखि चूड़ी।

लगवाई मैं छत पे टंकी।
नाप में पूरे एक टन की।
बहुत कर लिया है मनमानी।
क्या सखि साजन? नहिं सखि पानी।

कोई न घर, दूध जो दूहे।
चिल्लाता यूँ रहा वो भूखे।
मैं न उठा पायी वो पचड़ा।
क्या सखि साजन? नहिं सखि बछड़ा।

आते ही पंडाल के द्वार।
दिखाने हेतु आतिथ्य भाव।
माला लेकर खड़ी जमात।
क्या सखि सौतन? नहिं सखि बरात।

आकर सीधे ऊपर झूमा।
बिन पूछे ही मुख को चूमा।
भुनभुनाया आने का व्यौरा।
क्या सखि साजन? नहिं सखि भौंरा।

भूमि से वो जकड़ के रहता।
पालतू पशु पकड़ के रखता।
उदास होता, अगर वो छूटा।
क्या सखि साजन? नहिं सखि खूंटा।

निर्माण का कोई सामान।
पंहुचा देता है आसमान।
ऊँचे भवन उसी की देन।
क्या सखि साजन? नहिं सखि क्रेन।

रहता गन्दा, काम स्वच्छता।
साथ ले जाता मल नगर का।
सिकोड़े तनिक ना नाक मगर।
क्या सखि साजन? नहिं सखि गटर।

बना हुआ है शोभा कबसे।
दिवार की सुंदरता उससे।
खड़ा वही है मूर्ति बनकर।
क्या सखि साजन? नहिं सखि पत्थर।

यूँ होती गरीब में गिनती।
उस बिन पर रोटी ना मिलती।
उसकी तो दीवानी मैं हूँ।
क्या सखि साजन? नहिं सखि गेहूं।

शिक्षक बोला, शीघ्र खरीदो।
अगर चाहते, तुम कुछ सीखो।
नई कक्षा में दिए हो दस्तक।
क्या सखि साजन? नहिं सखि पुस्तक।

गलत लिखे को कभी मिटा लो।
लेकर ऊपर रबर चला लो।
घिस जाय अगर तो फिर लो छिल।
क्या सखि साजन? नहिं सखि पेन्सिल।

जी चाहता मिटा दूँ सारी।
मुझे रुलातीं यादें भारी।
किया बहुत है प्यार का खेल।
क्या सखि साजन? नहिं सखि ईमेल।

बच्चों के अति मन को भाता।
दन्त-हीन बूढ़े को सुहाता।
बीज का होता नहीं झमेला।
क्या सखि साजन? नहिं सखि केला।

अच्छा खासा लम्बा है वो।
तना खड़ा ज्यों खम्भा है वो।
व्याह में अंगना खड़ा वो खास।
क्या सखि साजन? नहिं सखि बांस।

छुड़ा दे भूसी उसकी मार।
मार पड़े तो मिले आहार।
उसी के कारण चिउड़ा चावल।
क्या सखि साजन? नहिं सखि मूसल।

खड़ा रहे वो घर के बाहर।
बूढ़ा है पर देता राहत।
गर्मी में नीचे होती तृप्त।
क्या सखि साजन? नहिं सखि वृक्ष।

समीप आता देकर झांसा।
होता मेरे रक्त का प्यासा।
तन पर सवार, पाकर अवसर।
क्या सखि साजन? नहिं सखि मच्छर।

सुनूं जो उसका कर्कश गान।
पका देता है मेरे कान।
नींद हो जाती रफू चक्कर।
क्या सखि साजन? नहिं सखि मच्छर।

गर्मी खा गुस्से से फूली।
चिमटा हाथ, मगर वो भूली।
वरना तो जला दी होती।
क्या सखी सौतन? नहिं सखी रोटी।

बना के रख दी मैंने लोई।
एक एक कर के उसने पोई।
सेंक कर किया मैंने सेवन।
क्या सखि साजन? नहिं सखि बेलन।

गर्म पतीला पकड़ उठायी।
देख बहादुरी मैं चकराई।
चूल्हे पास गयी वो पड़ सी।
क्या सखि सौतन? नहिं सखि सँड़सी।

पैने बड़े थे उसके दांत।
मोटा दरख़्त गिराया काट।
फिर उसके टुकड़े कर डाला।
क्या सखि साजन? नहिं सखि आरा।

संध्या होते ही अँधेरा।
उन्हें उसकी याद ने घेरा।
आये दबाये पान जनाब।
क्या सखि सौतन? नहिं सखि शराब।

जबसे थामा उसका दामन।
भटकता रहता उसी में मन।
जानता जब कि वो घर उजाड़ू।
क्या सखि सौतन? नहिं सखि दारू।

लगा उसी के संग ये रहने।
बिकवा डाली मेरे गहने।
मस्तिष्क इसका ऐसा फिरा।
क्या सखि सौतन? नहिं सखि मदिरा।

लोभ और लत लायी धकेल।
कैसे निकले, बुद्धि है फेल।
बना देता कंगाल अक्सर।
क्या सखि साजन? नहिं सखि जुआघर।

निंदनीय उसकी करामात।
किया है बहुतों को बर्बाद।
साथ पकड़ना उसका बुरा।
क्या सखि सौतन? नहिं सखि सुरा।

गुड्डी का था प्यारा सलोना।
सह ना पायी उसका खोना।
शुरू कर दिया रोना धोना।
क्या सखी साजन? नहिं सखि खिलौना।

उसके आते दिल खिल जाता।
रिमझिम से अति सुख मिल जाता।
मुझको लगता है मनभावन।
क्या सखी साजन? नहिं सखि सावन।

वह आया तो दिल बौराया।
कैसे कहूं जो गुल खिलाया।
बगिया देख मैं हुई प्रसन्न।
क्या सखी साजन? नहिं सखि बसंत।

थाम, गयी बाँहों में पनघट।
मेरी ओर लगी सबकी टक।
जाकर गले फँसायी रसरी।
क्या सखी साजन? नहिं सखि गगरी।

पोते रखी बदन पर मिट्टी।
रंग में फिर भी गोरी चिट्टी।
तीखा स्वभाव मगर मैं भूली।
क्या सखी सौतन? नहिं सखि मूली।

जब भी आता मन घबराता।
पहनूं ओढ़ूँ किन्तु सताता।
भाता संग में चाय व काढ़ा।
क्या सखी साजन? नहिं सखि जाड़ा।

काली सूरत मैं डर जाती।
राह अकेले चल ना पाती।
धक् धक् करता है जी मेरा।
क्या सखी साजन? नहिं सखि अँधेरा।

हिलती डुलती है नहीं मगर।
लिए चली जाय मुझको उपर।
जगह पर अपनी ही वो पड़ी।
क्या सखि सौतन? नहिं सखि सीढ़ी।

बड़े दिनों से पड़ा मजबूर।
बिछुड़ अपनी सुग्गी से दूर।
पिंजरे में दिल बहुत है रोता।
क्या सखि साजन? नहिं सखि तोता।

पत्तों में छलिया छुप जाता।
हरे रंग में नजर न आता।
ऑखें खा जाती हैं धोखा।
क्या सखि साजन? नहिं सखि तोता।

कभी न कम होठों की लाली।
हरे वसन, ऑंखें हैं काली।
देखती रहती बन्दी जब होता।
क्या सखि साजन? नहिं सखि तोता।

उसको देख दिल है मचलता।
हवा के संग चाल बदलता।
फिरे आवारा बन के पागल।
क्या सखि साजन? नहिं सखि बादल।

पड़ गयी मैं बड़ी मुश्किल में।
मेघ का डर समाया दिल में।
घेर लिया उसने कल रात।
क्या सखी साजन? नहिं सखि बरसात।

बेमतलब के प्रश्न पूछता।
निजी सूचना खोद खोजता।
जानकारियों की करता चुगल।
क्या सखि साजन? नहिं सखि गूगल।

पहले से ही रखती खोले।
जान सकूं जैसे ही बोले।
कभी काम में व्यस्त मैं होती।
क्या सखि साजन? नहिं सखि टोंटी।

घर पर आता पानी लेकर।
स्वागत करती मैं खुश होकर।
कोसों बेचारा रस्ता नापा।
क्या सखि साजन? नहिं सखि पीपा।

बच्चे उसको पसंद करते।
वरिष्ठ लोग मगर हैं डरते।
चाय भी बच के पड़ती पीनी।
क्या सखि साजन? नहिं सखि चीनी।

एक ही घर दोनों का वास।
इससे नफ़रत, उसी से प्यार।
प्रभु ने कैसी किस्मत बांटा।
क्या सखि सौतन? नहिं सखि कांटा।

अनेक प्रश्नों को सुलझाता।
ढूंढ ज्ञान की बातें लाता।
नहीं हिचकता करने में चुगल।
क्या सखि साजन। नहिं सखि गूगल।

खींचती छोड़ती रहे हवा।
वही तो जीवन की है दवा।
भीतर एक बाहर दो फांक।
क्या सखि साजन। नहिं सखि नाक।

जब चाहूँ ऊपर उड़ जाता।
किसी के घर झांक के आता।
दृश्य दिखाता रहकर मौन।
क्या सखि साजन। नहिं सखि ड्रोन।

हवा की भांति बहता रहता।
लाख रोकती नहीं ठहरता।
बहुत कठिन उसपे नियंत्रण।
क्या सखि साजन। नहिं सखि मन।

चावल दाल सब्जी पकाता।
आंच से वो नहीं घबराता।
खलता रसोई में ना होना।
क्या सखि साजन। नहिं सखि भगौना।

धनाढ्यों से उसका नाता।
वही तो है व्यापार चलाता।
उस बिन जीवन दीन के जैसा।
क्या सखि साजन। नहिं सखि पैसा।

लंगड़ी लूली हुई रसोई।
सिक ना पाती रोटी पोई।
पाकशाला का वही है दूल्हा।
क्या सखि साजन। नहिं सखि चूल्हा।

मैं सोती वो रात जागता।
होत सवेरा दूर भागता।
फिर भी मुझको लगता प्यारा।
क्या सखि साजन। नहिं सखि तारा।

मुझको वो फुर्र से उड़ाता।
उड़ने से पहले नाच दिखता।
जाता उड़ने करके साज।
क्या सखि साजन? नहिं सखि जहाज।

ठंड और गर्मी से बचाता।
समाज में वो शान दिखाता।
रहता पर धोने का लफड़ा।
क्या सखि साजन? नहिं सखि कपड़ा।

ज्वाला ये ना कभी उठाती।
धीरे धीरे है सुलगाती।
जले आदमी घुट के जिन्दा।
क्या सखि सौतन? नहिं सखि चिंता।

भिगो कर के करता बेचैन।
बिना बरसात दिवस या रैन।
बहे झरने सा जेठ महीना।
क्या सखि साजन? नहिं सखि पसीना।

घर में घुसा, बंद हो जाता।
चोरों से भी वही बचाता।
मेरी निजता का रखवाला।
क्या सखि साजन? नहिं सखि, दरवाजा।

रहता मेरी उंगली थामे।
सखियाँ हो के चकित निहारें।
सौगात कीमती है वो अनूठी।
क्या सखि, साजन? नहिं सखि, अंगूठी।

करता रहता सदैव ननाद।
जुटते लोग भर के उन्माद।
मन को भाता उसका गिरना।
क्या सखि साजन? नहिं सखि झरना।

संवेदना के रखता पीड़।
नयनों में कभी भरता नीर।
धड़क रक्त को रखता गतिमय।
क्या सखि साजन? नहिं सखि हृदय।

सजा हुआ मंदिर में देखा।
साईकिल पर जाकर बैठा।
पूजा के समय हिलाती आंटी।
क्या सखि, साजन? नहिं सखि, घंटी।

चुनाव में आकर मंडराता।
वोटों की आ गणित लगाता।
शेष समय वो सुध नहीं लेता।
क्या सखि साजन? नहिं सखि, नेता।

पांव पकड़ के नाच नचाता।
ढोल मृदंग से ताल मिलाता।
दर्शक देखते टुकुर टुकुर।
क्या सखि साजन? नहिं सखि, नूपुर।

बुना है कुछ शब्दों का जाल।
छंद विषय लय गति और ताल।
निभाते हुए राग की रीत।
क्या सखि साजन? नहिं सखिन, गीत।

नभ का है इकलौता तारा।
ज्योति का हम सब का सहारा।
हमें निहारता रहता दिनभर।
क्या सखि साजन? नहिं सखि, दिनकर।

अम्बर में ऊंचा मंडराये।
लक्ष्य पर ही दृष्टि गड़ाये।
करने अपना उल्लू सिद्ध।
क्या सखि साजन? नहिं सखि, गिद्ध।

उससे विचारों का संचार।
उसी से संभव ज्ञान प्रसार।
उस बिन मनुष्य कैसे बतियाता।
क्या सखि साजन? नहिं सखि, भाषा।

डाल घुमाया, खुला खजाना।
ढूंढें हम जब घर से जाना।
डिजिटल हुआ अब तो ये भी।
क्या सखि साजन? नहिं सखि, चाभी।

मधुमास में बिखराता रंग।
मंडराने चले आते भृंग।
देख कर खिल जाता मन।
क्या सखि साजन? नहिं सखि, उपवन।

जिस पात्र का जैसा हो रूप।
ढल जाता उसी के अनुरूप।
उसी से चलती है जिंदगानी।
क्या सखि साजन? नहिं सखि, पानी।

चले ले लाठी का सहारा।
आँखों पर छा जाता जाला।
बिना दांत हो जाता मसूढ़ा।
क्या सखि साजन? नहिं सखि, बूढ़ा।

उजाले में ही साथ निभाती।
होते अँधेरा भाग जाती।
दिन में अपनी, रात परायी।
क्या सखि सौतन? नहिं सखि, परछाईं।

कर देता दरख्तों को ठूंठ।
जैसे पत्ते गए हों रूठ।
वापस नहीं देखें वो मुड़कर।
क्या सखि सौतन? नहिं सखि, पतझड़।

जैसे कोई गिरि पे आकर।
बिछा दिया हो सफेद चादर।
ढका वो घाटी पिछली रात।
क्या सखि साजन? नहिं सखि, हिमपात।

बीते युग की कथा सुनाता।
सत्कर्मो की गाथा गाता।
कुत्सित की करता परिहास।
क्या सखि साजन? नहिं सखि, इतिहास।

कभी घोड़ा कभी बटन दबाती।
इशारों में क्या न कह जाती।
बड़े काम की है वो पगली।
क्या सखि सौतन? नहिं सखि, उंगली।

रखता लगाय टकी रात भर।
सिर को उठाये वह चाँद पर।
प्यार का खेला, खेलता घातक।
क्या सखि साजन? नहिं सखि, चातक।

उसी से संभव है संचार।
उसके बिन नहीं शब्द विचार।
ग्रन्थ रच देता जुड़-जुड़कर।
क्या सखि साजन? नहिं सखि, अक्षर।

अक्षर स्वर उसके आधार।
बिन उसके यह मूक संसार।
बोल के होय या लिख प्रकट।
क्या सखि साजन? नहिं सखि, शब्द।

रसों का है यह जनमदाता।
मन की दशा यही दर्शाता।
मुद्रा, व्यवहार, चित्र या काव्य।
क्या सखि साजन? नहिं सखि, भाव।

बड़े परिश्रम से है आयी।
मेरा वह सम्मान बढ़ाई।
उसके प्रति रखती हूँ निष्ठा।
क्या सखि सजनी? नहिं सखि, प्रतिष्ठा।

जानने सब बातें अज्ञात।
ढूंढती रहती सदा फ़िराक।
प्रयासरत कभी वो खासा।
क्या सखि सजनी। नहिं सखि, जिज्ञासा।

रखता नहीं है मन संतोष।
अनेक दुखों को लेता पोष।
लिप्सा वश सह लेता यातना।
क्या सखि साजन? नहिं सखि, वासना।

देख औरों का नियत डोले।
मन चाहे, सब मेरी हो ले।
करनी पर नहीं करता क्षोभ।
क्या सखि साजन? नहिं सखि, लोभ।

औरों को जलाने का राग।
लगा लेता अपने में आग।
जला देता खुद का ही बोध।
क्या सखि साजन? नहिं सखि, क्रोध।

अपनी शक्ति पर बड़ा गरूर।
समझे न किसी और को शूर।
तना रहे जैसे कोई खम्भ।
क्या सखि साजन? नहिं सखि, दम्भ।

चारों ओर से मन को घेर।
डाले रखे कई कई फेर।
रहता मन उसमें भरमाया।
क्या सखि साजन? नहिं सखि, माया।

किसी के लिए अटूट लगाव।
उसी के प्रति नित मन का चाव।
कठिन हो जाता सहना विछोह।
क्या सखि साजन? नहिं सखि, मोह।

मुझसे रहे ना बढ़िया कोय।
मन की सदैव सोच ये होय।
रखता कुढ़न, पाल के मिथ्या।
क्या सखि साजन? नहिं सखि, ईर्ष्या।

क्षमता पर, है नहीं भरोसा।
दुर्बलता को मन में पोषा।
तिरस्कार का रखता है भय।
क्या सखि साजन? नहिं सखि, संशय।

क्या सोचेगा? रहूं सोचती।
भरे संकोच मन मसोसती।
मन में भय होने की निंदा।
क्या सखि साजन? नहिं सखि, लज्जा।

कितना पा लो भूख न मिटती।
और अधिक की चाह न हटती।
भला करे अब आकर कृष्णा।
क्या सखि साजन? नहिं सखि, तृष्णा।

मन में कुछ, दिखाता कुछ और।
सच को छुपाता बन के चोर।
उस पर जो था, टूटा भरोसा।
क्या सखि साजन? नहिं सखि, धोखा।

पहुँचाया ना मुझको हानि।
सोच मगर की अति परेशान।
ऐसा भयानक लाया समय।
क्या सखि साजन? नहिं सखि, भय।

लग चुकी है अब तो अनुरक्ति।
मन चाहे ना उससे विभक्ति।
देती मुझे विशेष वह शक्ति।
क्या सखि सजनी? नहिं सखि, भक्ति।

किसी भी स्थिति से ना डरता।
नित विजय की ललक है रखता।
कार्य प्रवृत्ति की रखता चाह।
क्या सखि साजन? नहिं सखि, उत्साह।

गोरी का वो रूप सजाया।
जो भी देखा उसको भाया।
देखते ही मन उमड़ा प्यार।
क्या सखि साजन? नहिं सखि, श्रृंगार।

अज्ञात दृश्य, मनहिं अवतरण।
याद, कल्पना, सोच का मिश्रण।
कठिन बसाकर उसको रखना।
क्या सखि साजन? नहिं सखि, सपना।

कवि परिचय

काव्य की लगभग सभी विधाओं के रचनाकार, डॉ. एस. डी. तिवारी कृत साहित्य की ढाई दर्जन से अधिक प्रकशित पुस्तकें हैं। उनका जन्म उत्तर प्रदेश में हुआ और शिक्षा दिल्ली में संपन्न हुई तथा दिल्ली ही उनकी कर्मभूमि रही। वे भारत सरकार के एक उपक्रम में प्रबंधकीय पदों पर कार्यरत रहे। डॉ. तिवारी की कविताएँ अपनी स्पष्ट, विस्तृत शैली और समृद्ध सामग्री के लिए जानी जाती हैं, जो कलात्मक रूप से यादों, भावनाओं और दार्शनिक प्रतिबिंबों को पकड़ती हैं। उनका कार्य अक्सर प्रकृति और मानव अनुभव के बीच के अंतरसंबंधों की खोज करता है। हाइकु, मुक्तक, दोहे, चौपाई, गीत और ग़ज़ल जैसे पारंपरिक रूपों को समकालीन संवेदनाओं के साथ मिलाता है। डॉ. तिवारी ने विश्व की सबसे बड़ी साइट आलपोएट्री पर अंतर्राष्ट्रीय कविता प्रतियोगिताओं में **सैकड़ों पदक और सम्माननीय टिप्पणियां** तथा कई अन्य संस्थानों से सम्मान प्राप्त किए हैं। साहित्य में उनके सराहनीय योगदान के लिए जी. एच. पी. विश्वविद्यालय ने उन्हें साहित्य में मानक उपाधि प्रदान किया है तथा एक ही लेखक द्वारा लिखी गई साहित्य की अधिकतम पुस्तकों को एक साथ विमोचित करने के लिए उनका नाम **'इंडिया बुक ऑफ़ रिकॉर्ड्स'** में अंकित है।

अन्य रचनाएँ: हिंदी - **श्रीदुर्गा कथा, जी लो बचपन, दिल प्रेम समुन्दर, भगवती माई, सखि कह मुकरी,** हाइकु शास्त्र, कविता तो बोलेगी, चाँद के गांव, दुनिया गिर गयी, नन्हीं, बोलते मोती, दिल्ली के झरोखे, गुनगुनाती हवा, मुहब्बत के मोती, तेरे नाम के मोती, मोतियन की लड़ी, पांच दाने मोती, गीत गुंजन, प्यार का पिंजरा, हाइकु रामायण, आशिक अली की होली, बसे विदेश, विदेश की चटनी, इनकी उनकी, राम का वकील, **त्रिपदी रामायण, राम नाम रामायण, दिल में दिल्ली, हिन्दू धर्म - दर्शन व मंथन,**
अंग्रेजी - द सिंगिंग ब्रीज, बर्ड्स ऑफ़ चांटिंग वर्ड्स, मेलोडीज ऑफ़ द साइलेंट हार्ट, द फ्रेंच वे पोएट्री इत्यादि।

फोन : 9868924139, 7982202009
ईमेल : sdtiwari1adv@gmail.com
पता : ईस्ट एन्ड अपार्टमेंट्स, मयूर विहार, दिल्ली 110096

- **नोट : यह पुस्तक और उपरोक्त गाढ़े अक्षर वाली पुस्तकें अमेज़न, फ्लिपकार्ट, किंडल और नोशन प्रेस की वेब साइटों पर उपलब्ध हैं।**

www.ingramcontent.com/pod-product-compliance
Lightning Source LLC
LaVergne TN
LVHW090415210926
848480LV00002B/577
* 9 7 9 8 8 8 6 4 1 9 3 2 0 *